TANT QU'IL Y AURA DES BALEINES...

À la découverte des cétacés du Saint-Laurent

TEXTE DE EVELYNE DAIGLE
ILLUSTRATIONS DE DANIEL GRENIER

AVEC LA COLLABORATION DE

À Marie-Jeanne.
— E.D.

À la vie, source infinie d'émerveillement.
— D.G.

Les 400 coups

TABLE DES MATIÈRES

Découvrir les mystères du Saint-Laurent **4**
    Sous la surface... .... **6**

Le festin des baleines **8**
    Prédateurs des mers **9**
    La stratégie des mysticètes **10**

L'ancêtre **12**

Un corps aquatique **14**
    Pourquoi les baleines sont-elles grosses ? **14**
    Baleine ou bateau ? **14**
    Plonger vers les profondeurs **15**

Voir avec ses oreilles **16**
    L'écho des fonds marins **18**

Des amours titanesques **20**
    Naître la queue en premier **22**
    Être allaité... sous l'eau ? **22**

Des bulles et des jeux **24**

Les échouages **26**

Du plus grand au plus petit **28**

Le béluga du Saint-Laurent **30**

Pouvez-vous identifier les espèces de baleines du Saint-Laurent ? ... **32**

La ruée vers l'huile **34**
    La pêche au marsouin **35**
    Les produits de la chasse **35**

Étudier les cétacés **36**
    La photo-identification **38**
    Connaître l'identité de chaque baleine **38**
    Un suivi par satellite **39**
    Écouter les baleines **39**
    L'histoire de Pseudo **39**

Pour la survie des baleines **40**

Bibliographie **43**

INDEX

Baleine à bec commune ... 15
Baleine franche noire 11, 17, **20**, **21**
Béluga 17, 18, **30**, **31**, 35, 40, 41
Cachalot 15, **18**
Dauphin à flancs blancs .. 13, 17, 18, 20
Dauphin à nez blanc .. 16, **17**, 18, 20
Épaulard **9**, 20
Globicéphale noir **26**, **27**
Marsouin commun **28**, 29
Petit rorqual **10**
Rorqual à bosse 4, 5, 17, **24**, **25**, 38, 39
Rorqual bleu 10, 14, 18, **28**, **29**
Rorqual commun **8**

DÉCOUVRIR LES MYSTÈRES

Dès que les glaces ont quitté le fleuve Saint-Laurent, la brise marine souffle déjà plus doucement, annonçant le début du printemps et, pour les marins, l'appel irrésistible de la mer. Dans les petits villages côtiers, les quais fourmillent d'activités. Chacun prépare son bateau et rêve de lever l'ancre, après un long hivernage.

Au large, on aperçoit les premières baleines, autre signe évident du changement de saison. Fatigués, ces rorquals à bosse arrivent enfin à destination. En provenance des Caraïbes, une mère et son petit gagnent enfin leur principal site d'alimentation, après un trajet de trois à quatre mille kilomètres.

Le baleineau, collé contre sa mère, découvre pour la première fois le fleuve Saint-Laurent. C'est la première migration de sa vie ! Que de sensations nouvelles pour lui ! Pourquoi avoir quitté les eaux chaudes, turquoise et transparentes des mers tropicales où il est né l'hiver dernier ? Pourquoi s'être lancé dans cette longue traversée où les remous et les courants de plus en plus froids abondent ? Dans l'eau glaciale du Saint-Laurent, le petit doit constamment communiquer avec sa mère. L'eau est tellement opaque, la quantité d'algues et de plancton est si dense qu'il ne doit pas la perdre de vue. Dans quelle galère sa mère l'a-t-elle embarqué ? La seule sensation familière, c'est ce goût toujours salé de la mer.

← Québec et les Grands Lacs

DU SAINT-LAURENT

De drôles d'oiseaux, des goélands, des fous de Bassan et des cormorans font des piqués vers lui à chacune de ses respirations, accentuant ainsi son sentiment d'insécurité.

Des courants puissants le surprennent, comme au cours de sa migration le long des côtes de l'Amérique du Nord. En pleine mer, il n'a pas eu à nager contre des marées aussi fortes. Et des sons… des sons de toutes sortes résonnant de partout l'intriguent. Ils proviennent des bateaux qui circulent dans le fleuve. Ils sont beaucoup plus nombreux que dans l'océan. Soudain, à travers les courants, le baleineau aperçoit des bancs de poissons, des bancs de capelans. Des quantités comme il n'en avait encore jamais vu ! Sa mère fonce aussitôt vers ce nuage de petits poissons et en avale une énorme quantité. C'est ce que le baleineau devra imiter lorsqu'il ne recevra plus le lait de sa mère.

Toutes ces nouvelles sensations ne cessent de surprendre le jeune rorqual à bosse. Il comprend soudainement pourquoi sa mère l'a poussé à faire cette grande migration. Ils ont bien fait quelques haltes pour s'alimenter en cours de route, mais le baleineau découvre maintenant que les eaux glaciales et turbulentes du majestueux fleuve Saint-Laurent cachent un des plus extraordinaires garde-manger de la planète.

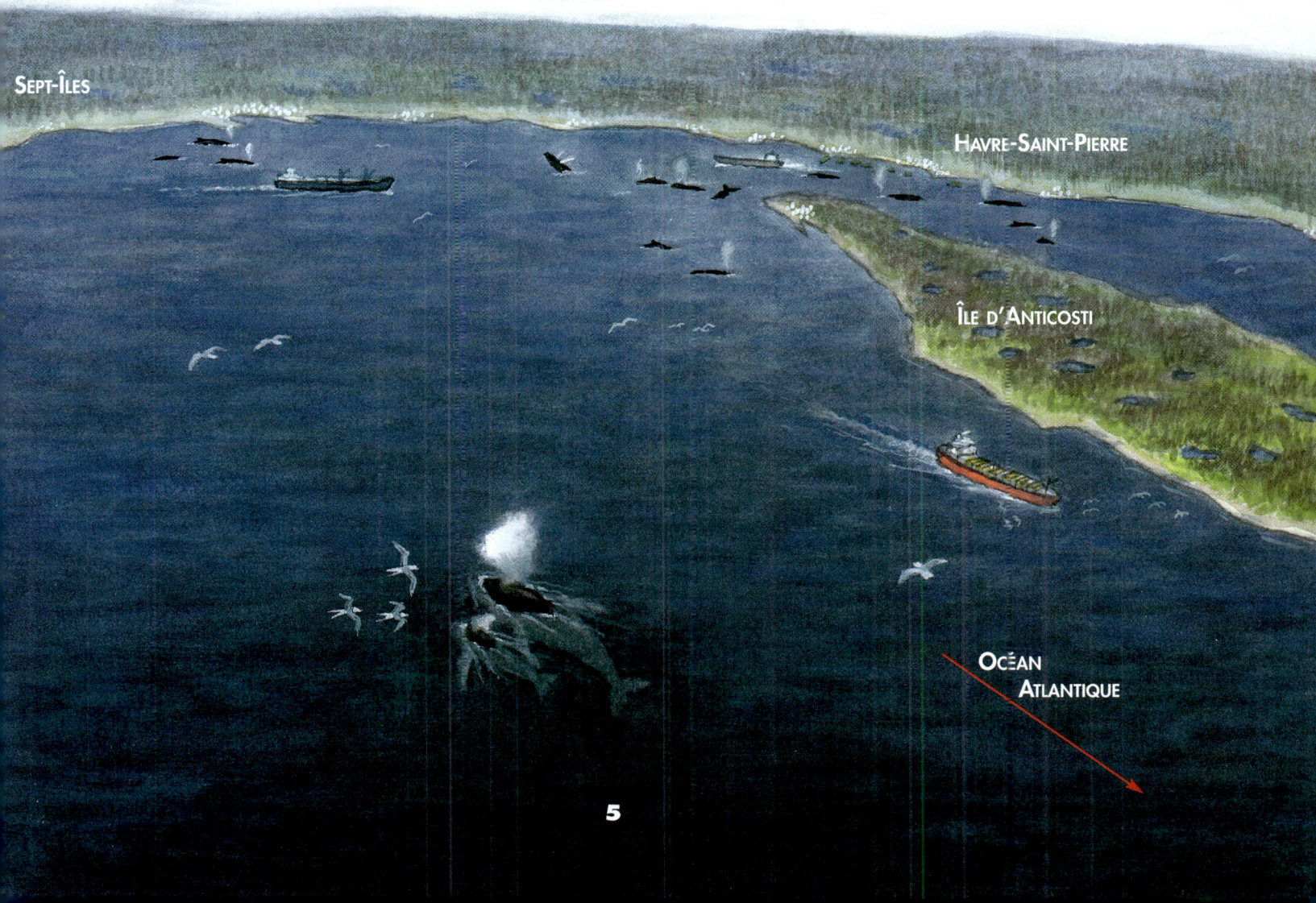

SOUS LA SURFACE...

Le fleuve Saint-Laurent tire sa source dans l'eau douce des Grands Lacs. Sur son parcours, il devient graduellement un fleuve, un estuaire et un golfe. Des Grands Lacs aux environs de Québec, le Saint-Laurent est un fleuve d'eau douce. Puis, l'eau salée s'infiltre progressivement, le cours d'eau devient saumâtre, le fleuve devient estuaire. Plus loin, l'eau de l'Atlantique entre avec une telle force dans le Saint-Laurent qu'elle amène l'eau salée jusqu'à l'embouchure du Saguenay, c'est l'estuaire maritime. À Pointe-des-Monts sur la rive nord et Sainte-Anne-des-Monts sur la rive sud, le Saint-Laurent s'élargit, il devient alors un golfe.

Sous la surface de l'eau, des paysages mystérieux existent, inconnus des êtres vivant sur terre. Des vallées, des montagnes et des plaines s'y succèdent. Malgré l'obscurité des profondeurs, les baleines, elles, connaissent très bien ces paysages sous-marins et elles y naviguent en toute aisance !

Ces reliefs deviennent des corridors, des obstacles pour l'eau qui y circule, car les eaux du Saint-Laurent sont continuellement en mouvement. Courants, contre-courants et marées brassent sans cesse les eaux du fleuve. Les marins et les navigateurs en savent quelque chose !

Ainsi, l'estuaire du Saint-Laurent cache une grande falaise sous-marine. L'eau salée qui arrive de l'Atlantique frappe cette grande falaise et remonte vers la surface. En remontant vers la lumière, elle transporte sur son passage des éléments nutritifs

POURQUOI L'EAU MONTE ET DESCEND
Toute cette vie est bercée régulièrement par le rythme éternel des marées. Chaque jour, il y a deux marées hautes et deux marées basses dans l'estuaire et le golfe. Elles sont l'effet de l'attraction de la Lune sur la Terre. La hauteur des marées est plus grande là où le fleuve est plus étroit, soit dans l'estuaire. Elles peuvent atteindre jusqu'à 6 m. Par contre, dans le golfe, les marées sont légèrement plus faibles.

provenant du fond de la mer. Ces éléments sont des fertilisants indispensables à la croissance des algues microscopiques de surface, premier maillon de la chaîne alimentaire marine.

Ces algues alimenteront, par la suite, tous les autres maillons de la chaîne alimentaire. Partout dans le monde, les zones où les eaux du fond sont ramenées à la surface créent toujours un milieu riche en nourriture, un lieu où la faune marine est très abondante. Poissons, oiseaux, phoques et baleines se rassemblent, chaque été, en ces endroits pour se nourrir. Les mouvements sous-marins des eaux du fleuve provoquent donc une effervescence de vie marine où chacun peut assouvir sa faim.

MAIS D'OÙ VIENT LE SEL DE LA MER ?

Le sel de la mer ne provient pas d'une mystérieuse mine enfouie dans le fond de l'océan, mais bien du sel de la terre ! L'eau de pluie qui tombe sur le rocher emporte avec elle de fines poussières de roche qui sont transportées jusqu'au cours d'eau le plus proche. Se poursuit ensuite la progression normale du ruisseau... à la mer. C'est donc l'ensemble de tous ces cours d'eau transportant les éléments présents dans les roches qui donne ce goût salé à la mer. Par ailleurs, l'eau de la mer qui s'évapore à cause du soleil est remplacée par de l'eau de pluie, ce qui confère à l'eau de mer une salinité stable depuis environ 200 millions d'années.

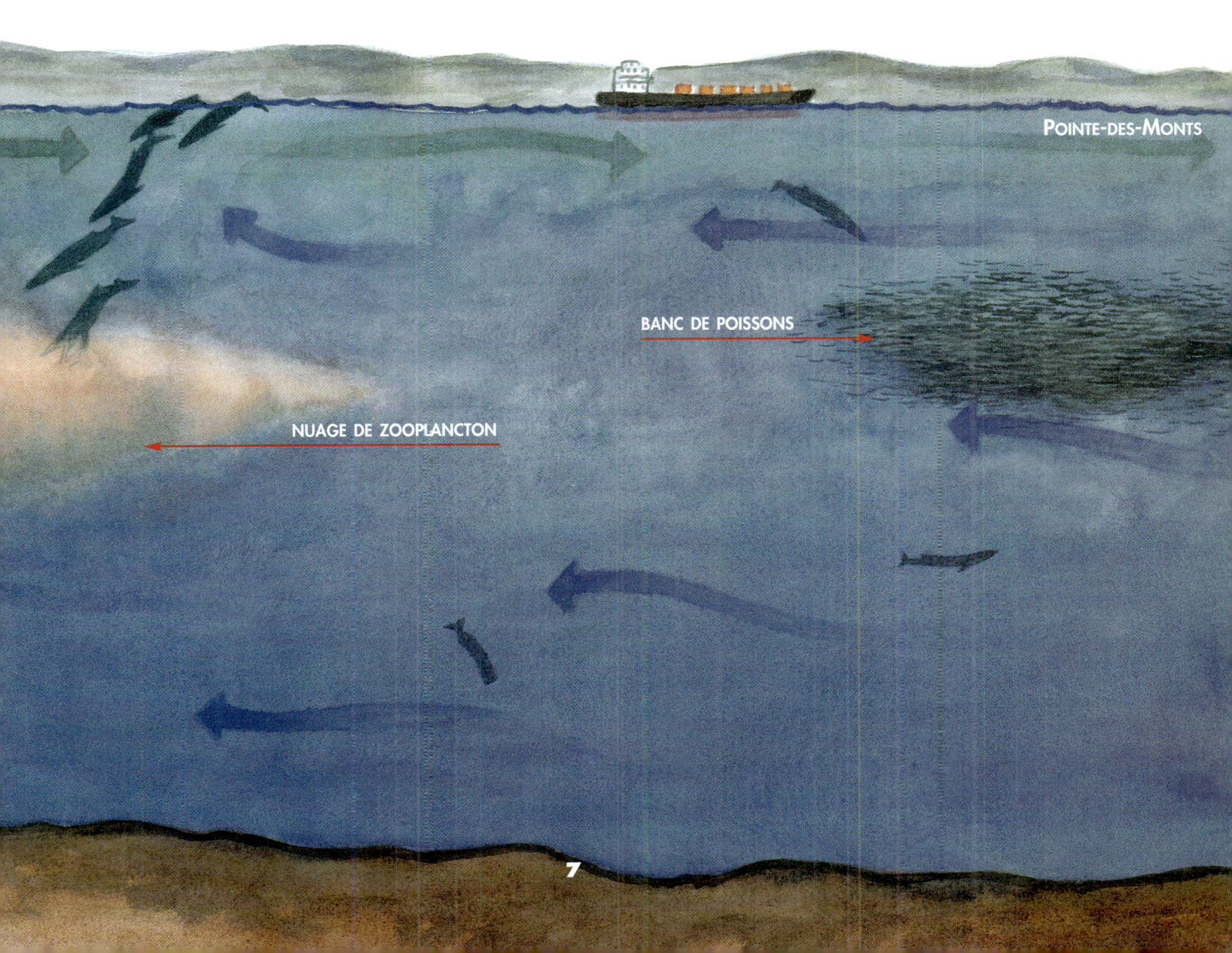

LE FESTIN DES BALEINES

Les eaux salées du fleuve Saint-Laurent grouillent d'une grande diversité de vie marine. Les baleines, tout comme les étoiles de mer, les saumons ou les oiseaux marins font partie de différentes chaînes alimentaires où rien n'est laissé au hasard...

Toute cette vie prend naissance au printemps. Dès que les premiers rayons de soleil pénètrent les eaux du Saint-Laurent, il se produit une multiplication du phytoplancton, ces plantes minuscules vivant en suspension dans l'eau. Il y en a soudainement des milliards et des milliards. Profitant de cette abondance, le zooplancton, ensemble d'animaux microscopiques, se nourrit de ces petites algues et se retrouve en milliards de tonnes dans l'eau. La vie du zooplancton, cependant, est assez courte, car des bancs de capelans et d'éperlans gourmands n'en feront qu'une bouchée !

Le printemps correspond à la période d'arrivée des baleines dans le Saint-Laurent et celles-ci sont impatientes de profiter de cette abondance de nourriture. Les baleines occupent le sommet de la chaîne alimentaire et ont d'énormes besoins en nourriture ; par exemple, le rorqual commun peut manger jusqu'à deux tonnes de nourriture par jour ! Pour répondre à de tels besoins, les baleines ont développé deux adaptations très différentes selon qu'elles sont des mysticètes ou des odontocètes.

Pour capturer leurs proies, certaines baleines utilisent leurs dents, on les appelle alors les odontocètes. Les odontocètes n'ont qu'une narine sur le dessus de leur tête : c'est l'évent. D'autres baleines, les rorquals, vont se servir de fanons à la place des dents, on les appelle les mysticètes. Ces derniers ont un évent double, soit deux narines sur la tête. Le rorqual commun est un mysticète fréquemment

---

RORQUAL COMMUN
BALAENOPTERA PHYSALUS

TAILLE : 20 MÈTRES
POIDS : 70 TONNES

LE CÔTÉ DROIT DE LA MÂCHOIRE EST BLANC, LE CÔTÉ GAUCHE, GRIS FONCÉ

rencontré dans le Saint-Laurent. Par contre, l'épaulard est un odontocète plus rare, mais observé à l'occasion dans le golfe du Saint-Laurent.

PRÉDATEURS DES MERS

Les odontocètes, grâce à leurs dents fortes et acérées, peuvent attraper des proies de bonne taille, soit de 10 cm et plus, passant à leur portée. Poissons ou mollusques (ces petits animaux qui vivent dans une coquille) font partie de leur menu. Ils les saisissent un à un et se servent de leurs dents non pour mâcher, mais pour saisir leurs proies.

Les épaulards, redoutables chasseurs, se regroupent comme une meute de loups pour attaquer leurs proies. Pour ces carnassiers, ce n'est pas le choix qui manque : ils s'en prendront aux poissons, aux oiseaux, aux phoques et même à d'autres cétacés ! Seuls prédateurs des baleines, ils jouent un rôle important dans la chaîne alimentaire. Ils contribuent à l'équilibre entre les espèces.

Dans la mer, le petit doit toujours se méfier du plus gros... Le hareng adore manger un très jeune capelan, mais il doit constamment se méfier de la morue, qui, elle, surveille le phoque qui la lorgne pour son prochain repas ! Et le phoque n'est pas à l'abri des prédateurs...

ZOOPLANCTON
PHYTOPLANCTON

ORQUE OU ÉPAULARD
ORCINUS ORCA
TAILLE : 7 MÈTRES
POIDS : 6 TONNES

LA STRATÉGIE DES MYSTICÈTES

Le petit rorqual est le plus petit des mysticètes. Le mot « mysticète », tiré du grec et du latin, signifie « baleine à moustache ». Ce qui fait figure de moustache, chez ces baleines, ce sont les fanons situés à la place des dents. Une frange de fanons suspendue à la mâchoire supérieure du petit rorqual filtre, comme une passoire, l'énorme quantité de nourriture qu'il va engloutir.

Grâce à une technique très efficace, commune à tous les rorquals, le petit rorqual engouffre une énorme quantité de zooplancton, de petits poissons et d'eau salée dans son immense gueule. Il est aidé par des sillons ventraux qui se déplient sous sa gorge, ce qui augmente le volume de sa gueule (probablement l'équivalent de la pièce où vous vous trouvez en ce moment !). Le rorqual doit ensuite expulser l'eau salée en la poussant avec sa langue puissante à travers ses fanons. Attention, il ne s'agit pas ici de la colonne de vapeur d'eau que nous voyons sortir sur le dessus de la tête, là où sont les narines ! Pris au piège, le zooplancton et les poissons se retrouvant dans le tamis très serré que forment les fanons seront récupérés par la langue habile du rorqual affamé.

> **Une exception, le rorqual bleu se nourrit exclusivement de krill, ces minuscules petits animaux ressemblant à des crevettes qui se concentrent en grands nuages denses pouvant atteindre des kilomètres de long.**

> **Essayez de vous représenter ceci : si un krill pèse moins de deux grammes et qu'un rorqual doit en manger deux tonnes par jour, cela signifie plus de deux millions de petites crevettes engouffrées en 73 filtrations !**

PETIT RORQUAL
BALAENOPTERA ACUTOROSTRATA

TAILLE : 8 MÈTRES
POIDS : 7 TONNES

UNE TACHE BLANCHE SUR LA NAGEOIRE PECTORALE

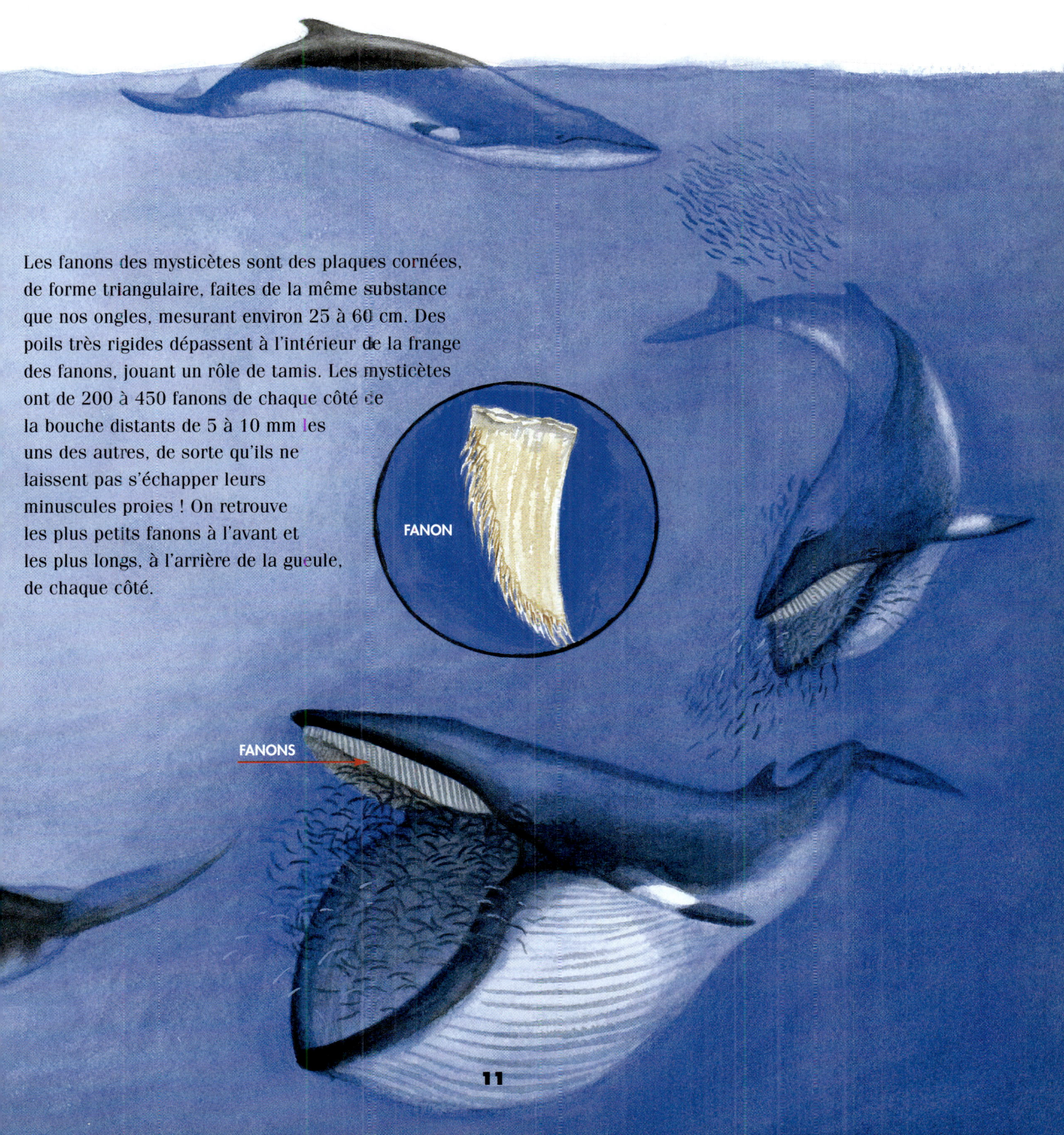

Certaines baleines noires, de la famille des baleines franches, sont munies de fanons longs de 2 à 3 m, mais ont une technique très différente pour capturer le zooplancton, car elles n'ont pas de sillons ventraux.

Les fanons des mysticètes sont des plaques cornées, de forme triangulaire, faites de la même substance que nos ongles, mesurant environ 25 à 60 cm. Des poils très rigides dépassent à l'intérieur de la frange des fanons, jouant un rôle de tamis. Les mysticètes ont de 200 à 450 fanons de chaque côté de la bouche distants de 5 à 10 mm les uns des autres, de sorte qu'ils ne laissent pas s'échapper leurs minuscules proies ! On retrouve les plus petits fanons à l'avant et les plus longs, à l'arrière de la gueule, de chaque côté.

FANON

FANONS

L'ANCÊTRE

Il y a 55 millions d'années, peu après la disparition des dinosaures, vivait l'ancêtre des baleines et des dauphins. C'était un mammifère terrestre de la taille d'un chien, carnivore, avec de petits sabots à la place des griffes. Il s'appelait mésonyx. Il vivait dans les tropiques, près des lagons et des estuaires. Comment s'est-il retrouvé à la mer ? Il a dû être attiré par la richesse de la nourriture trouvée dans l'eau, la compétition avec les mammifères terrestres devenant trop forte. L'eau offrait des ressources de nourriture jusque-là inconnues par les mammifères. Au cours des millions d'années qui suivirent, le corps du mésonyx s'est progressivement transformé pour s'adapter parfaitement à la vie aquatique, mais sans toutefois devenir un poisson !

C'est seulement depuis 25 millions d'années qu'on retrouve la forme actuelle des baleines et des dauphins. Les baleines et les dauphins font partie de l'ordre des cétacés.

Comparez le corps du dauphin à flancs blancs, que l'on retrouve chaque été dans le Saint-Laurent, à celui du mésonyx.

LA QUEUE, OU NAGEOIRE CAUDALE, AIDE À LA PROPULSION

MÉSONYX

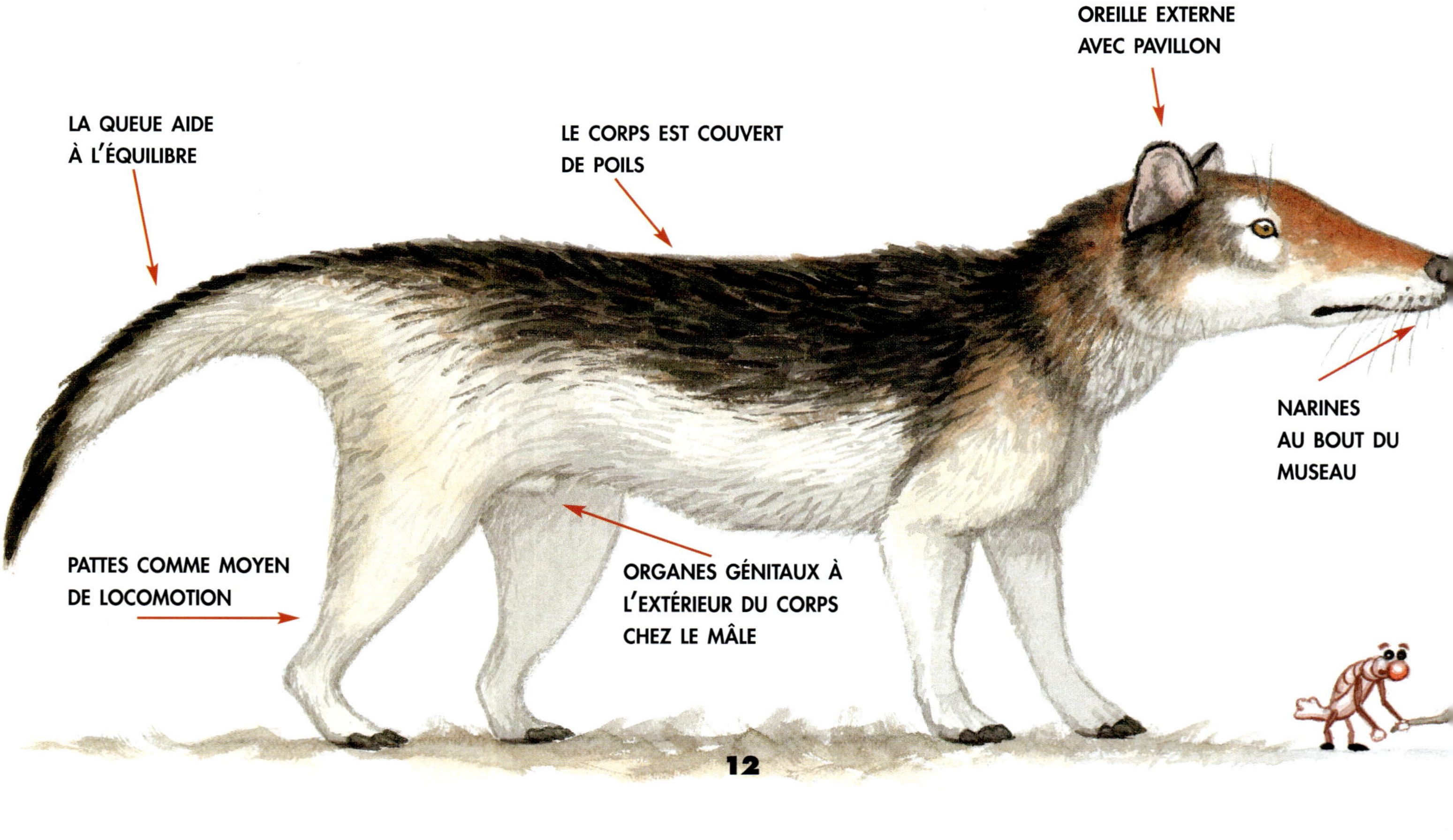

OREILLE EXTERNE AVEC PAVILLON

LA QUEUE AIDE À L'ÉQUILIBRE

LE CORPS EST COUVERT DE POILS

NARINES AU BOUT DU MUSEAU

PATTES COMME MOYEN DE LOCOMOTION

ORGANES GÉNITAUX À L'EXTÉRIEUR DU CORPS CHEZ LE MÂLE

DAUPHIN À FLANCS BLANCS

LA PEAU EST SANS POILS, POUR PLUS D'HYDRODYNAMISME

DAUPHIN À FLANCS BLANCS DE L'ATLANTIQUE
LAGENORHYNCHUS ACUTUS

TAILLE : 2 MÈTRES
POIDS : 150 KG

PRÉSENCE D'UNE BANDE JAUNE À L'ARRIÈRE DU CORPS

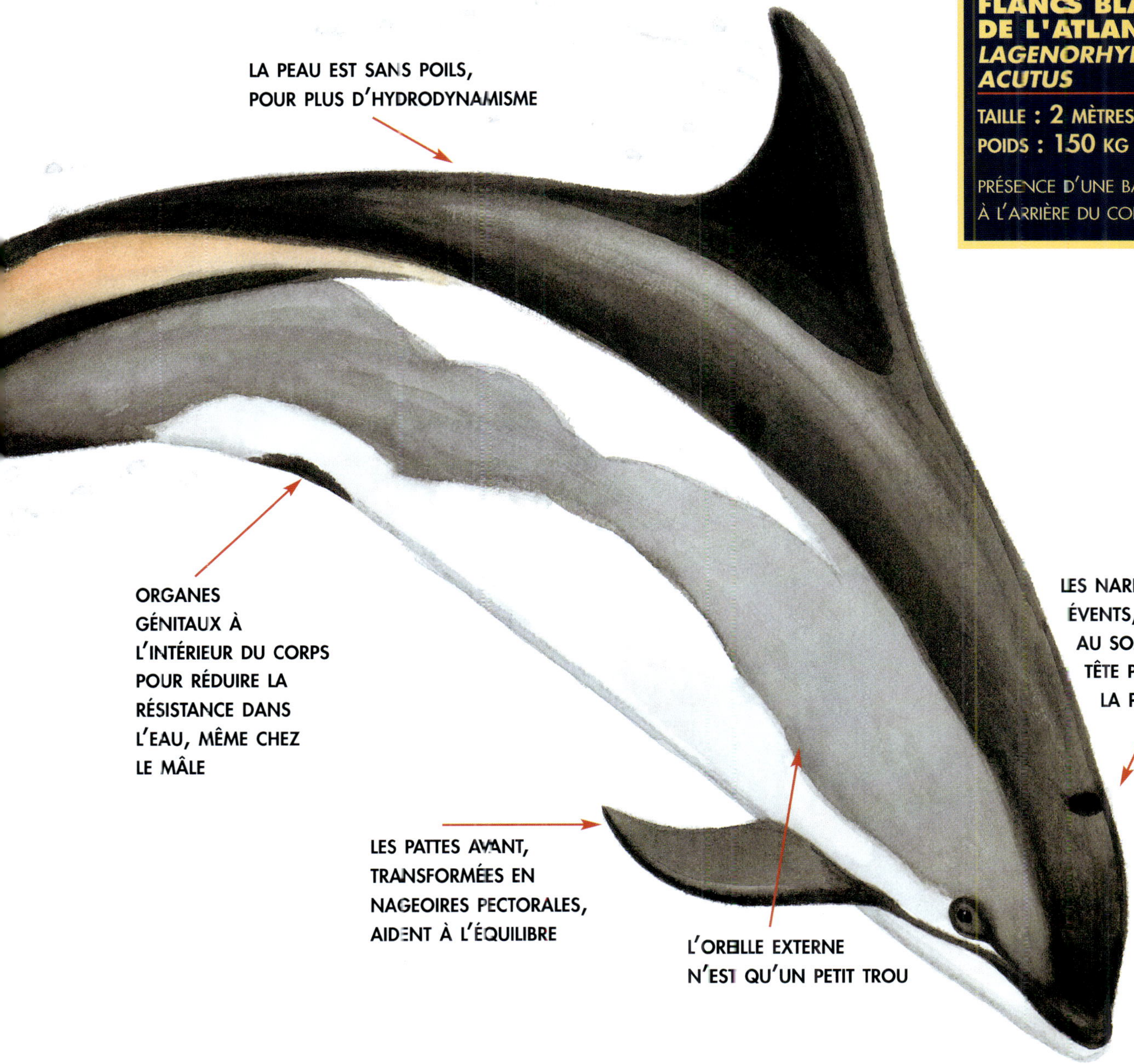

ORGANES GÉNITAUX À L'INTÉRIEUR DU CORPS POUR RÉDUIRE LA RÉSISTANCE DANS L'EAU, MÊME CHEZ LE MÂLE

LES NARINES, APPELÉES ÉVENTS, ONT MIGRÉ AU SOMMET DE LA TÊTE POUR FACILITER LA PRISE D'AIR

LES PATTES AVANT, TRANSFORMÉES EN NAGEOIRES PECTORALES, AIDENT À L'ÉQUILIBRE

L'OREILLE EXTERNE N'EST QU'UN PETIT TROU

Selon les observations des chercheurs, les baleines dormiraient en restant allongées à la surface, les évents hors de l'eau pour respirer. Elles tiendraient en équilibre grâce à de légers battements de nageoires et à leur épaisse couche de gras qui leur assure une flottaison sans efforts. Des scientifiques ont observé que certaines baleines dormaient par tranches de 30 minutes à la fois, six à sept fois par jour, tandis que d'autres s'assoupissaient pendant deux heures. Ces durées de sommeil varient selon qu'elles sont en migration ou au repos. Malheureusement, des bateaux peuvent entrer en collision avec les baleines pendant leur sommeil, car elles sont à peine visibles à la surface de l'eau.

UN CORPS AQUATIQUE

POURQUOI LES BALEINES SONT-ELLES GROSSES ?

L'éléphant, pesant 4 tonnes, est le plus gros animal terrestre que l'on connaît aujourd'hui. Le brachiosaure, avec ses 75 tonnes, était un des plus grands dinosaures. De tous les animaux qui ont existé sur terre, de tout temps, aucun n'a égalé en taille et en poids le rorqual bleu, qui fait environ 100 tonnes. C'est le milieu dans lequel il vit qui lui a permis d'atteindre de telles dimensions.

L'eau supporte un poids beaucoup plus facilement que l'air. En vivant dans l'eau, les baleines ont pris de l'expansion, car elles ne sont pas limitées par la gravité. Leur couche de gras de 10 à 20 cm agit comme flotteur et leur permet ainsi de vivre en apesanteur comme les astronautes !

BALEINE OU BATEAU ?

Quelles sont les similitudes entre une baleine et un bateau ? Les premiers architectes qui ont construit des bateaux ont sûrement été inspirés par la silhouette des cétacés. Les baleines ont une forme fuselée aux deux extrémités qui permet de bien glisser dans l'eau sans offrir de résistance.

Leurs nageoires pectorales de chaque côté leur apportent la stabilité, comme la quille d'un bateau, et, à l'arrière, leur queue horizontale aide à la propulsion. Ainsi adaptés, les cétacés ont une forme hydrodynamique comme les bateaux afin de mieux fendre la vague.

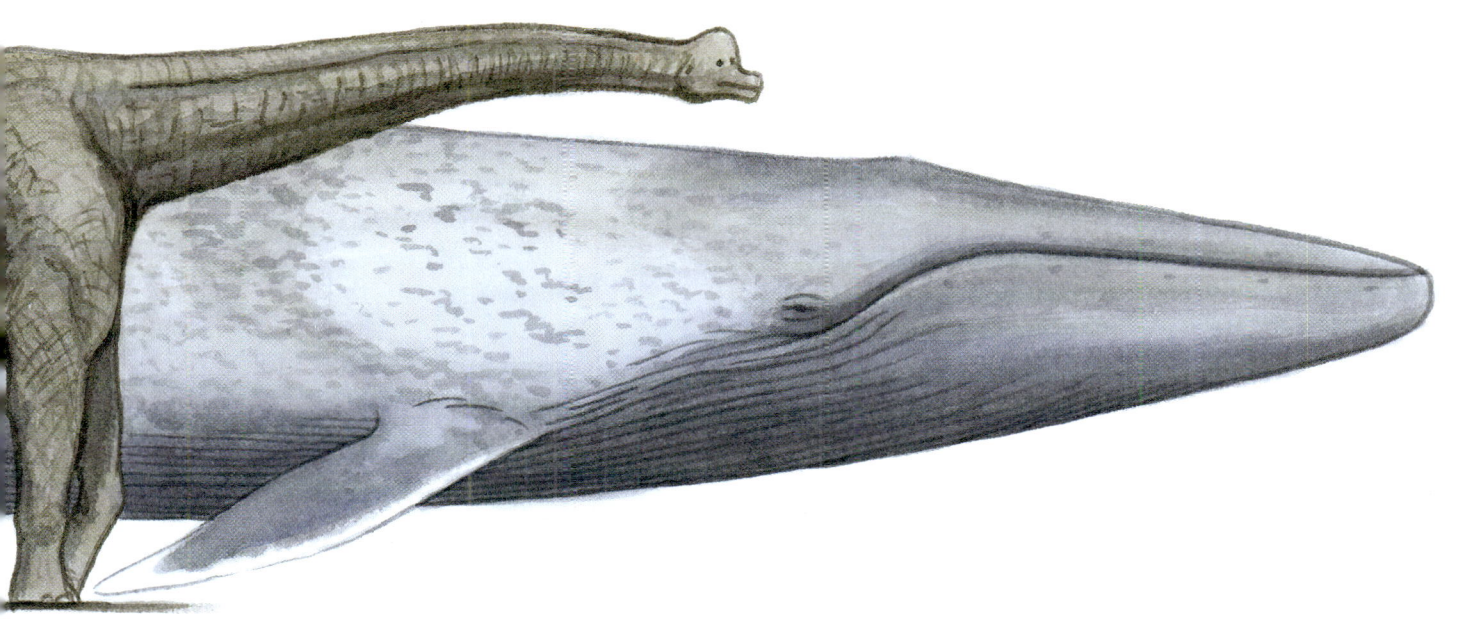

PLONGER VERS LES PROFONDEURS

Les baleines à bec, tout comme les cachalots, sont d'excellents plongeurs. Les baleines à bec communes ont la capacité de rester sous l'eau jusqu'à 70 minutes entre deux séries de respiration en surface et peuvent descendre jusqu'à 800 m de profondeur ! Comme les cétacés sont des mammifères, ils respirent à l'aide de poumons. Ils ont, toutes proportions gardées, de plus petits poumons que ceux des humains. Comment font-ils alors pour battre des records de plongée en apnée ?

Lorsqu'une baleine à bec vient respirer à la surface, elle expire et inspire à nouveau 90 % de tout l'air que contiennent ses poumons, comparativement à 75 % chez l'être humain. Ce n'est donc pas parce que ses poumons contiennent plus d'air, mais bien parce qu'elle les vide et les remplit mieux que nous qu'elle dispose de plus d'oxygène.

Ensuite, le sang emmagasine l'oxygène capté lors de la respiration dans une protéine nommée hémoglobine. Les cétacés ont un volume de sang plus élevé que l'humain, donc une plus grande quantité d'hémoglobine dans leurs vaisseaux sanguins et leurs muscles. Ils peuvent, par conséquent, accumuler une plus grande réserve d'oxygène pour rester plus longtemps sous l'eau !

BALEINE À BEC COMMUNE
HYPEROODON AMPULLATUS

TAILLE : **8 MÈTRES**
POIDS : **3 TONNES**

VOIR AVEC SES OREILLES

Les animaux, tout comme les êtres humains, découvrent leur monde à travers leurs sens. Ainsi, un chien utilise son odorat pour renifler l'odeur de celui qui a traversé son territoire, un manchot reconnaît le cri de sa partenaire au milieu de milliers d'autres cris, et un grand duc, à l'aide de sa vision nocturne, perçoit une souris au loin, la nuit. L'être humain utilise la vision plus que tout autre sens pour se diriger dans son environnement et répondre à ses besoins. Pour les baleines, l'ouïe est le meilleur guide dans cet univers sombre, sans odeurs et porteur d'une multitude de sons qu'est le fond de la mer.

L'eau est un milieu où les sons voyagent beaucoup plus facilement que dans l'air. C'est pourquoi, au fil de l'évolution, les cétacés ont développé leur audition et un système d'écholocalisation afin de communiquer, naviguer et trouver leurs proies dans cet univers sonore.

La communication entre les cétacés se fait par une série de sons audibles et non audibles par l'oreille humaine. Chez le dauphin à nez blanc, observé chaque été dans le golfe du Saint-Laurent, différents types de sons peuvent être émis qui ressemblent à des grincements, claquements ou gémissements. Ces sons diffèrent selon que les dauphins sont en chasse, en déplacement ou au repos.

DAUPHIN À NEZ BLANC
LAGENORHYNCHUS ALBIROSTRIS
TAILLE : 2,5 MÈTRES
POIDS : 200 KG

On connaît encore très peu les liens qui existent entre les sons et les comportements des cétacés en milieu naturel. Cependant, on sait que, de façon générale, les cétacés font plus de vocalises lorsqu'ils ont des contacts sociaux intenses. Leur langage très élaboré resserre les liens qui existent au sein des groupes.

Le chant des baleines est une suite de sons organisés et répétés plusieurs fois. Le rorqual à bosse est une des rares espèces de baleines qui chantent lors de la parade nuptiale. Ce sont généralement les mâles qui chantent pour intimider ou éloigner les autres mâles de leur territoire. Exceptionnellement, chez les baleines franches noires, les femelles chantent. Les autres espèces de baleines poussent des cris, grognements ou vocalises qui ne sont pas suffisamment ordonnés pour être considérés comme des chants.

En captivité, des expériences sur les sons produits par des dauphins et des bélugas nous ont appris qu'ils peuvent distinguer de petits objets à partir d'une grande distance et même distinguer deux objets semblables, mais non identiques ! On croit souvent que les baleines et les dauphins sont particulièrement intelligents à cause de la taille de leur cerveau. Ce qu'on sait, c'est que leur cerveau a développé surtout les fonctions de l'audition et du toucher.

L'ÉCHO DES FONDS MARINS

L'écholocalisation est un système d'émission et de réception des sons très sophistiqué. Elle permet d'envoyer et de recevoir des messages grâce au son. Les chauves-souris utilisent également ce système, qui agit comme le sonar des sous-marins. Les baleines et les dauphins utilisent ce système pour détecter des obstacles et repérer les proies dans l'eau trouble et sans lumière. Ils envoient donc des sons dans une direction précise et, lorsque les ondes sonores frappent un objet, un obstacle, l'écho de ces sons est réfléchi vers eux et leur permet de visualiser mentalement un banc de poissons ou un rocher situé devant eux. L'image produite est tellement précise qu'elle permet même de détecter la texture, la forme et la densité des objets environnants. Le sonar le plus précis appartient au béluga.

Les sons émis par les cétacés voyagent sur de très grandes distances. Cela veut dire qu'ils peuvent communiquer entre eux sur des centaines de kilomètres. Le record appartient au rorqual bleu, qui émet les plus basses fréquences, soit celles qui voyagent le plus loin. Ses sons pourraient franchir une distance allant jusqu'à un millier de kilomètres !

> Un dauphin peut, par écholocalisation, détecter un banc de poissons à 100 m.

> Certains croient que le cachalot, cette grande baleine à la tête carrée, produit des ultrasons tellement puissants qu'il peut même en assommer sa proie. Il se nourrit à l'occasion de calmars géants qui, pourtant, nagent plus vite que lui. On en retrouve les résidus dans son estomac !

CACHALOT MACROCÉPHALE
PHYSETER MACROCEPHALUS
TAILLE : 15 MÈTRES
POIDS : 30 TONNES
TEMPS DE PLONGÉE MOYEN : 30 MINUTES

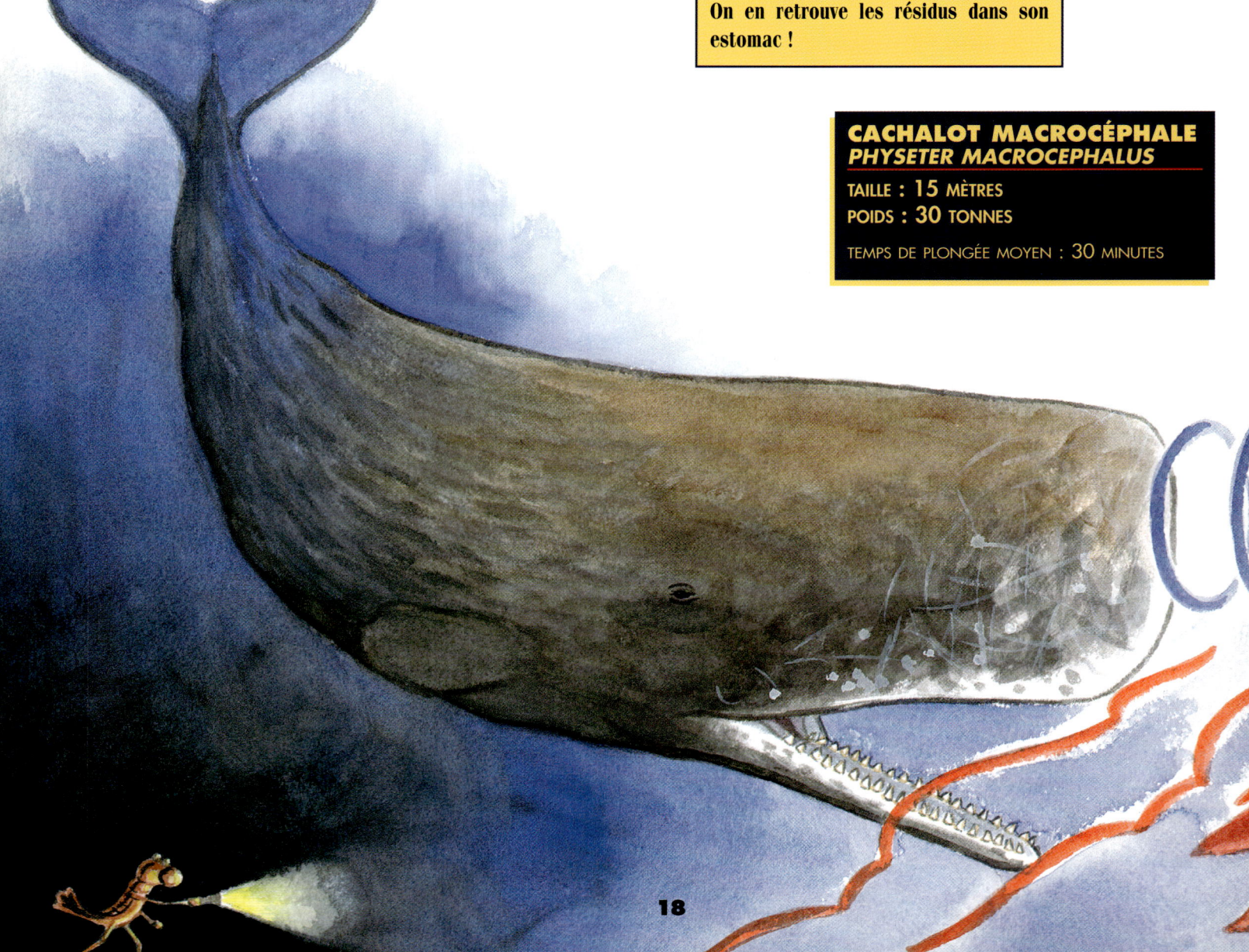

Pour produire ces sons, les cétacés n'utiliseraient pas de cordes vocales. Il s'agit plutôt d'un déplacement de l'air contenu dans des sacs situés derrière le front.

La réception des sons se fait par l'os de la mâchoire inférieure, qui est rempli de graisse en son centre. Le son voyage ainsi jusqu'à l'oreille interne, puis au cerveau, qui va décoder l'information.

Les cétacés ont l'ouïe très sensible et l'eau véhicule les sons très facilement. Leur univers sonore est rempli d'une multitude de bruits ambiants. Que ce soit le vent, la pluie, la glace, le passage des cargos, des embarcations de plaisance ou le bruit des sonars, les cétacés perçoivent très bien les activités des humains sur le fleuve.

Est-ce que les loisirs des humains dérangent les baleines ? Est-ce que le bruit des bateaux interfère avec leur système d'écholocalisation nuisant ainsi à leur quête de nourriture ? Est-ce que les fréquences émises par les moteurs brouillent la communication entre les baleines ? Celles-ci sont-elles en voie de devenir sourdes ? Nous n'avons pas de preuves définitives que les activités humaines dérangent les baleines, mais nous avons bien des raisons de penser que nos activités affectent les leurs, alors soyons prudents...

CALMAR GÉANT
TAILLE : ENTRE **12** ET **17** MÈTRES (AVEC LES TENTACULES)

IL PROJETTE DE L'ENCRE NOIRE À SON ENNEMI COMME MOYEN DE DÉFENSE

ÉCHO DE L'ONDE RÉFLÉCHIE PAR LE CALMAR

ONDES ÉMISES PAR LE CACHALOT

DES AMOURS TITANESQUES

À la période des amours, toute l'énergie des baleines est concentrée sur la recherche de partenaires pour se reproduire et ainsi assurer la continuité de leur espèce.

La reproduction a lieu dans les eaux chaudes ou tempérées. Les chants, les vocalises et les sons font partie des stratégies de cour des mâles afin d'imposer leur présence aux autres mâles. Malgré les études en cours, on connaît encore peu de choses sur la signification des chants.

Une autre dimension de la parade nuptiale est le toucher. Les cétacés ont le sens du toucher très développé. On a observé beaucoup de contacts physiques, de caresses, de mordillements entre individus de sexe opposé, particulièrement chez les dauphins.

Avant l'accouplement, une compétition très forte s'installe entre les mâles afin de conquérir une femelle. Chez certaines espèces, on a observé des combats vigoureux où c'est la loi du plus fort qui s'impose. Chez les baleines franches noires, c'est lors d'une mêlée générale que plusieurs mâles se disputent la conquête d'une femelle.

Lorsque la femelle donne son accord, le mâle le plus proche vient coller son ventre contre le sien, pour s'accoupler. Puis un autre mâle répète le même scénario, et un autre, et un autre, jusqu'à ce que le plus assidu réussisse à transmettre ses gènes à la future génération. Les accouplements sont de courte durée, mais très fréquents.

La période de reproduction chez la baleine franche noire est primordiale, car il en va de la survie de cette espèce menacée d'extinction. La baie de Fundy, au Nouveau-Brunswick, est une aire d'accouplement et de mise bas pour la seule et unique population restante de baleines franches de l'Atlantique Nord, qui compte environ 325 individus. Il est donc impératif de veiller à la survie de ce troupeau très fragile. Cette espèce visite exceptionnellement le Saint-Laurent.

> Il y a très peu de signes extérieurs qui permettent de distinguer les mâles des femelles, chez les cétacés. Chez les grands rorquals, les femelles dépassent légèrement les mâles en taille, alors que c'est le contraire chez les baleines à dents. Exceptionnellement, chez l'épaulard, les mâles ont une longue nageoire dorsale qui se distingue de celle des femelles.

NAÎTRE LA QUEUE EN PREMIER

Les cétacés sont des mammifères, donc l'embryon se développe à l'intérieur du corps de la femelle. Après une gestation variant de 10 à 15 mois selon les espèces, la femelle va donner naissance au baleineau, qui se présentera la queue la première. Aidé de sa mère qui le pousse à la surface, il va aussitôt inspirer sa première bouffée d'air à travers les évents situés sur le dessus de sa tête.

ÊTRE ALLAITÉ… SOUS L'EAU ?

Après la mise bas, la femelle dirige le petit sous son ventre, où il pourra téter un lait riche et chaud provenant des glandes mammaires situées de chaque côté de la fente génitale. Le lait est éjecté dans la bouche du baleineau avec force. Il sera nourri du lait de sa mère pendant une période variant de 7 à 12 mois, jusqu'à ses premières bouchées de nourriture solide. Par imitation, le baleineau apprendra de sa mère quelle est la meilleure technique et quels sont les meilleurs endroits pour se nourrir. Il développera ainsi peu à peu son indépendance.

> **Le lait des cétacés est très riche en protéines et en gras. Certaines baleines ont jusqu'à 40 % de matières grasses dans leur lait. En comparaison, le lait de vache a de 3 à 4 % de gras.**

Entre sa naissance et sa première migration vers les mers du nord, le baleineau doit prendre beaucoup de forces. Sa croissance est alors phénoménale. À l'âge de six mois, le baleineau aura atteint la moitié de sa taille adulte, ce que l'humain n'atteint pas avant l'âge de deux ans.

Au terme de sa migration vers les sites d'alimentation, la femelle abandonnera temporairement son petit pour se nourrir et refaire ses réserves de graisses, car elle a pratiquement jeûné depuis la mise bas. Toute son attention se concentrait à surveiller le baleineau et à l'allaiter, ce qui était très fatigant pour elle. Elle arrive donc considérablement épuisée sur les lieux d'alimentation d'été. Mais, à l'automne, elle sera de nouveau prête à faire le chemin inverse jusqu'au site de reproduction, où le cycle de la vie recommencera...

Les cétacés ont, malheureusement, un taux de natalité faible. Une femelle ne se reproduit que tous les deux ou trois ans, ce qui ralentit le rétablissement des populations, comme celle de la baleine franche noire, victime des abus des chasseurs dans le passé.

DES BULLES ET DES JEUX

Depuis toujours, les humains cherchent à comprendre le comportement des animaux qui les entourent. Les mammifères marins, comme les baleines, ont toujours dévoilé très discrètement leur mode de vie aux scientifiques, car, de la surface de la mer, on ne voit qu'une faible partie de leur vie. Leur existence se déroule en majeure partie sous l'eau. Un cercle de bulles à la surface ou un coup de queue qui frappe l'eau sont parfois les seuls indices dont disposent les chercheurs pour tenter de comprendre ce qui se passe dans la mer.

Les rorquals à bosse exhibent un comportement de chasse des plus étonnants. La technique du filet de bulles sert à rassembler les proies pour mieux les capturer. Les baleines laissent échapper de l'air par leurs évents, en nageant en spirale. Cela forme un écran de bulles qui emprisonne un banc de petits poissons. Effrayés, les poissons se regroupent au centre, prisonniers du rideau de bulles. Les baleines n'ont qu'à plonger et remonter, la gueule entrouverte, en engouffrant la colonne de poissons. De la surface, les oiseaux tentent souvent de profiter de ce repas facilement gagné !

Certaines espèces de baleines, comme les rorquals à bosse, sont très actives. Parfois, elles sortent seulement la tête hors de l'eau comme pour faire le guet ; d'autres fois, elles frappent la surface de l'eau avec une nageoire pectorale ou la nageoire caudale ; à l'occasion, elles propulsent même complètement leur corps hors de l'eau. Jeux ? Alerte ? Intimidation ? Simple moyen de se débarrasser des parasites logés sur leur corps ? Chose certaine, il s'agit d'un signal de communication.

Tous les animaux doivent constamment répondre à leurs besoins vitaux, qui sont les suivants : la quête de nourriture, le besoin de se protéger et de protéger leurs petits, la recherche de partenaire pour se reproduire. Les comportements des baleines que l'on voit à la surface feraient partie des moyens qu'elles utilisent pour combler les besoins essentiels à leur survie. Mais la science a encore beaucoup de questions à résoudre en ce qui concerne le comportement des baleines...

RORQUAL À BOSSE
MEGAPTERA NOVAEANGLIAE
TAILLE : 15 MÈTRES
POIDS : 30 TONNES

LA BOSSE SOUS LA NAGEOIRE DORSALE DONNE SON NOM À LA BALEINE
STATUT : MENACÉ D'EXTINCTION

LES ÉCHOUAGES

S'il y a un comportement animal devant lequel les humains se sont toujours sentis impuissants, c'est bien celui des baleines vivantes venues s'échouer sur la rive et se laisser mourir. Pourquoi les baleines se comportent-elles ainsi ?

À l'occasion, dans le Saint-Laurent, on observe des cétacés échoués sur le rivage. Il s'agit d'animaux déjà morts en mer qui ont dérivé jusqu'à la plage. Ils sont morts de vieillesse, de maladie ou d'accident impliquant des bateaux. Par ailleurs, des centaines de globicéphales, des petites baleines de couleur noire, viennent parfois s'échouer, encore vivants, sur les côtes de Terre-Neuve.

Les chercheurs tentent de trouver une explication scientifique à ce type de comportement. En fait, les hypothèses varient d'un cas à l'autre. Ils ont remarqué, par exemple, que lorsqu'on essaie de remettre à la mer des individus vieux ou malades, ils persistent à revenir s'échouer sur le rivage.

Le fait qu'on retrouve plusieurs cétacés échoués à la fois résulte probablement du fait qu'ils suivent un leader. Des signaux de détresse, lancés par les premiers individus échoués, alerteraient le reste du groupe, qui, malheureusement, réagirait en rejoignant ses congénères.

D'autres explications ont été avancées. Certaines baleines peuvent avoir des parasites ou des infections à l'oreille qui perturbent leur système d'écholocalisation. Sans ce système, dont elles se servent pour connaître leur environnement et naviguer, elles peuvent être détournées de leur trajectoire et s'échouer.

On retrouve parfois des baleines échouées sur une plage après une tempête. Imaginons les baleines qui chassent un banc de poissons près d'une plage en pente douce, en eau peu profonde. L'eau troublée par la tempête rendant difficile l'utilisation de leur sonar, elles pourraient mal détecter la plage et s'échouer.

Quoi qu'il en soit, le nombre de cétacés qui s'échouent chaque année est quand même minime par rapport au nombre que l'on retrouve dans l'ensemble des océans. Il ne s'agit donc pas d'un phénomène alarmant. Quant à l'hypothèse d'un suicide collectif, elle est pratiquement écartée par les scientifiques dans l'état actuel des connaissances.

GLOBICÉPHALE NOIR
GLOBICEPHALA MELAS
TAILLE : 6 MÈTRES
POIDS : 2 TONNES

DU PLUS GRAND AU PLUS PETIT

Le fleuve Saint-Laurent abrite dans ses eaux le plus grand et le plus petit des cétacés de tous les océans, soit le rorqual bleu et le marsouin commun. Le rorqual bleu est le plus gros animal que la Terre ait jamais porté même avant l'ère des dinosaures.

Saviez-vous que, malgré sa grande taille, le rorqual bleu a un prédateur ? C'est l'épaulard ! Un petit groupe d'épaulards peut l'encercler et attaquer la « grande bleue ».

Par exemple, si vous fermez le livre que vous avez dans les mains, la largeur du livre correspond à peu près au diamètre de l'œil du rorqual bleu (et il a de petits yeux pour sa taille) !

La petite taille du marsouin commun lui procure des avantages et des inconvénients.

MARSOUIN COMMUN *PHOCOENA PHOCOENA*

TAILLE : 1,5 MÈTRE
POIDS : 40 À 50 KG

D'une part, il peut se nourrir de poissons rapides comme le hareng ou le maquereau, car il peut bouger vite dans l'eau. À l'opposé, le « géant bleu » ne peut se retourner aisément sur lui-même ! D'ailleurs, il se nourrit de bancs de krill qui peuvent atteindre jusqu'à 15 km de long dans le Saint-Laurent, ce qui lui convient bien !

D'autre part, le marsouin commun, petit et discret, est souvent victime des filets des pêcheurs, car ils partagent les mêmes prises !

STATISTIQUES DU RORQUAL BLEU DANS LE SAINT-LAURENT :
- poids moyen estimé à environ 100 tonnes, soit l'équivalent du poids de 25 éléphants ;
- taille moyenne de près de 30 m ;
- un nouveau-né mesure environ 7 m et pèse 2 500 kg ;
- le bébé boit 225 litres par jour de lait à 40 % de matières grasses ;
- sa croissance est phénoménale, soit 90 kg par jour, ou 3 à 4 kg à l'heure en période d'allaitement (il grandit presque à vue d'œil) ;
- l'adulte mange jusqu'à 4 tonnes de krill par jour en saison estivale ;
- il peut vivre de 40 à 50 ans.

RORQUAL BLEU
BALAENOPTERA MUSCULUS

TAILLE : 30 MÈTRES
POIDS : 100 TONNES

COULEUR GRIS-BLEU
STATUT : MENACÉ D'EXTINCTION

LE BÉLUGA DU SAINT-LAURENT

Lorsqu'un béluga vient à notre rencontre, on vit un moment privilégié. Cet animal un peu fantomatique évoque la fragilité, la vulnérabilité. Il connaît le fleuve comme nul autre, car il y réside toute l'année. La population du fleuve Saint-Laurent est la seule population au monde qui ne réside pas en Arctique. Le Saint-Laurent lui offre un habitat semblable à celui de l'Arctique. L'eau salée y est à la température préférée d'un ours polaire et la nourriture, abondante.

Dans le Nord canadien, on retrouve plusieurs populations de bélugas qui totalisent plus de 100 000 individus. Ailleurs dans le monde, les populations de bélugas de l'Arctique se retrouvent au nord de la Russie, de la Norvège, du Groenland et de l'Alaska.

Le béluga a toutes les caractéristiques d'un animal polaire. Sa couleur blanche lui sert de camouflage parmi les glaces. De plus, une crête cornée remplace l'aileron dorsal et lui permet de briser la glace pour respirer, sans se blesser. Le béluga est doté d'un cou mobile. Les autres baleines ont les vertèbres du cou soudées ensemble, elles ne peuvent donc faire de rotation de la tête.

Le béluga est une baleine d'une grande sociabilité, d'où son vocabulaire très élaboré. Il a un des répertoires vocaux les plus vastes du règne animal. Le melon, sur le devant de la tête, lui permet d'orienter les ultrasons afin de trouver sa nourriture par écholocalisation.

La population de bélugas du Saint-Laurent n'est plus la même qu'il y a cent ans. Au début du siècle, on comptait plus de 5 000 bélugas dans les eaux du fleuve. Depuis ce temps, leur nombre a beaucoup diminué. En effet, on les a chassés avec excès parce qu'on croyait qu'ils mangeaient les saumons et les morues dont l'homme avait besoin pour vivre. Les autorités offraient même une prime de 15 $ par queue de béluga rapportée afin d'éliminer cette espèce le plus rapidement possible. Cette chasse n'a cessé que dans les années 70. La population du Saint-Laurent compte actuellement entre 700 et 1 200 individus et fait partie des populations menacées d'extinction.

Le béluga du Saint-Laurent est maintenant protégé, grâce aux scientifiques qui ont sonné l'alarme. Mais la dégradation de son habitat et la pollution demeurent des menaces qui affectent son état de santé.

Diverses maladies touchent la santé des bélugas, mais les liens avec les polluants restent à trouver. Comme les contaminants ne sont pas biodégradables, l'unique façon dont les bélugas peuvent s'en libérer est de les faire passer dans le lait maternel. La mère réduit ainsi le taux de polluants qu'elle a accumulés, mais le nouveau-né commence sa vie en étant déjà contaminé.

Voilà pourquoi l'état de santé des bélugas du Saint-Laurent est inquiétant. Il faudra encore des générations, bien des études et beaucoup de volonté pour l'améliorer... L'état de santé du béluga est sans doute le reflet de l'état des eaux du fleuve Saint-Laurent.

BÉLUGA
DELPHINAPTERUS LEUCAS

TAILLE : **4 MÈTRES**
POIDS : **1,5 TONNE**

VEAU (NOUVEAU-NÉ) BRUN FONCÉ
BLEUVET (JEUNE D'UN AN) GRIS-BLEU
BLANCHON (JEUNE DE DEUX ANS) GRIS PÂLE

LONGÉVITÉ : **25 À 30 ANS**

POUVEZ-VOUS IDENTIFIER LES ESPÈCES DE BALEINES DU SAINT-LAURENT ?

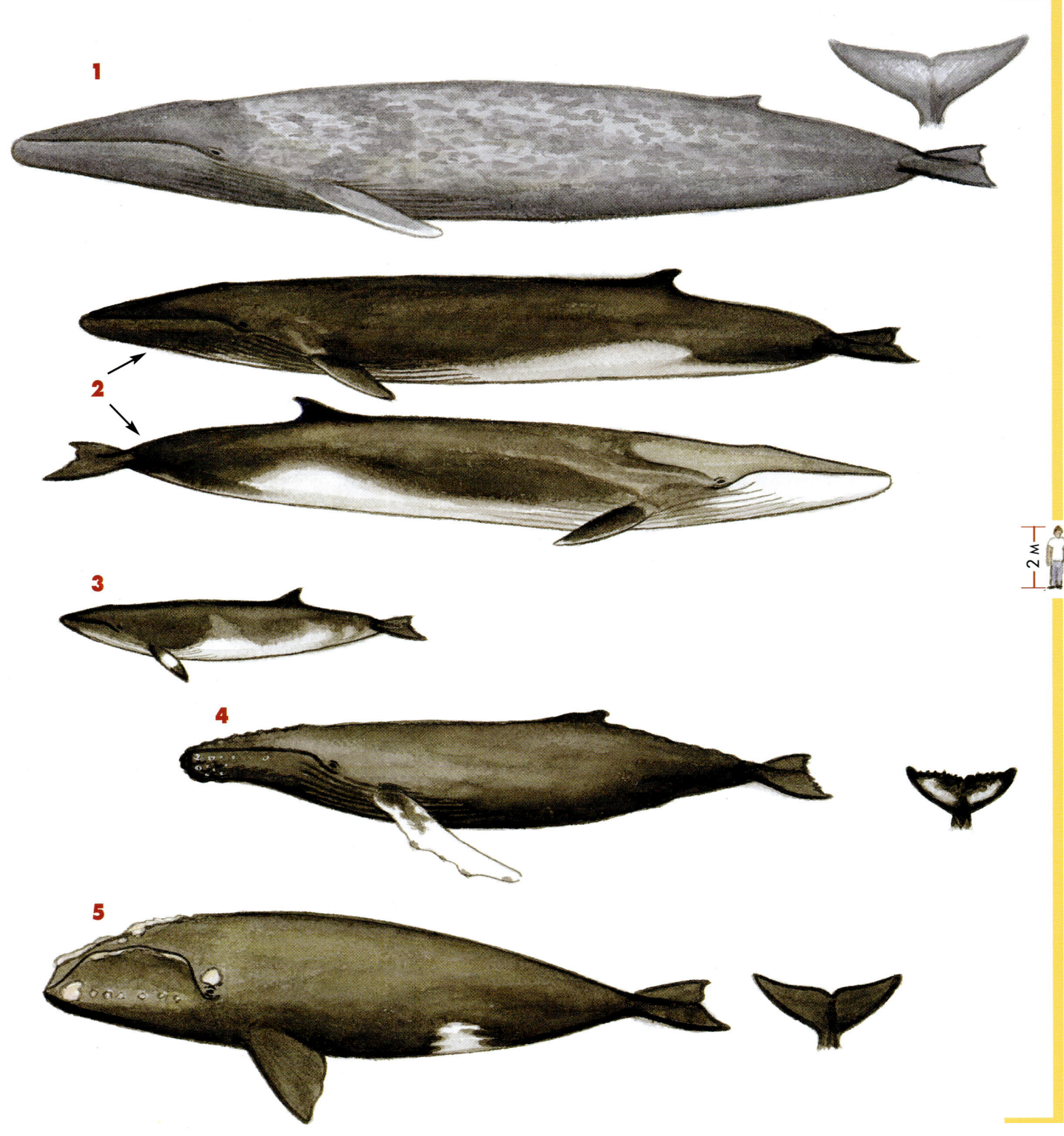

Plus que toute autre région, le fleuve Saint-Laurent accueille, chaque été, une grande diversité d'espèces de baleines. Plus d'une dizaine d'espèces différentes en migration peuvent se retrouver dans cette aire d'alimentation. Chaque espèce a des caractéristiques uniques qui nous permettent de l'identifier. Associez l'illustration correspondant à la définition de chacune des baleines et vérifiez vos réponses au bas de la page. On a dessiné une queue à côté des espèces qui la montrent en plongeant.

A **Le rorqual commun** a une asymétrie de couleur à la tête.
B **Le cachalot** a une énorme tête carrée.
C **Le dauphin à flancs blancs** a une tache jaune à l'arrière.
D **Le béluga** adulte est blanc et le jeune est gris.
E **La baleine franche noire** a des callosités sur la tête.
F **Le marsouin commun** est le plus petit des cétacés.
G **Le petit rorqual** a une tache blanche sur la nageoire pectorale.
H **Le rorqual à bosse** a la nageoire dorsale placée sur une bosse.
I **Le dauphin à nez blanc** a le museau blanc.
J **Le globicéphale noir** a une nageoire dorsale en crochet.
K **Le rorqual bleu** est le plus grand cétacé.
L **La baleine à bec commune** a un front bombé et un bec prononcé.
M **L'épaulard** mâle a une longue nageoire dorsale.

Réponses : A2, B6, C9, D12, E5, F7, G3, H4, I11, J13, K1, L8, M10

LA RUÉE VERS L'HUILE

La chasse à la baleine... Pendant des siècles, dans le fleuve Saint-Laurent comme dans tous les océans, les baleines étaient perçues par plusieurs comme le seul moyen de subsistance. Les baleiniers risquaient leur vie dans de petites embarcations appelées baleinières, afin d'affronter la bête qui leur apporterait de quoi survivre. Ces chasseurs étaient à la fois fascinés et effrayés par leurs immenses et mystérieuses proies.

Les baleiniers devaient connaître intimement les mœurs des cétacés pour mieux les repérer, les identifier et connaître leurs routes migratoires. Les baleiniers convoitaient essentiellement les grandes baleines, soit tous les rorquals, les baleines franches et surtout les cachalots.

Partout où les baleines s'approchaient des côtes, les hommes les poursuivaient. Les Européens ont été les premiers chasseurs de métier. Ils se déplaçaient à bord de grands voiliers munis de canots en bois. Lorsqu'une baleine était repérée, le canot était mis à l'eau, rameurs, barreurs et harponneurs y prenaient place. On fonçait alors tout droit vers la proie avec l'espoir de sortir gagnant et... vivant de cette confrontation entre l'homme et l'animal.

À l'ère moderne, les techniques artisanales ont été remplacées par des méthodes industrielles dont l'issue ne laissait aucun doute. Les navires baleiniers propulsaient, à l'aide de canons, des harpons qui explosaient sous la peau de la baleine. Un second bateau, le navire-usine, transformait directement sur place le lard de baleine en huile et le faisait fondre dans des fours spécialement conçus. On entreposait ensuite l'huile filtrée dans des tonneaux.

> C'est à la fin du siècle dernier et jusque dans les années 30 que les plus grands troupeaux de baleines furent décimés. Des dizaines de milliers de baleines ont été tuées dans tous les océans. C'était la ruée vers l'huile...

> Dans le nord du Canada, les Inuits conservent le privilège de chasser la baleine, car ils ont besoin de cette ressource pour survivre et nourrir leur famille. La chair et le gras leur procurent de précieuses protéines et vitamines.

LA PÊCHE AU MARSOUIN

Dans le fleuve Saint-Laurent, le béluga n'a été protégé de la chasse qu'en 1979 ! Une technique ingénieuse utilisait le jeu des marées pour capturer les petites baleines blanches qu'on appelait à l'époque les « marsouins blancs ». On plantait en demi-cercle des milliers de perches partant de la rive vers le large. À marée montante, les bélugas qui poursuivaient les bancs de poissons le long de la rive entraient dans le piège. Bien qu'il n'y eût ni filet ni portes qui se refermaient derrière eux, les bélugas ne ressortaient plus du piège. Ils étaient prisonniers. Les chasseurs n'avaient qu'à attendre la marée basse pour harponner les bélugas et les remorquer jusqu'à la berge.

En une seule marée, ils pouvaient capturer plus d'une centaine d'individus, car les bélugas ont l'habitude de se tenir en groupe, ce sont des animaux grégaires.

LES PRODUITS DE LA CHASSE

L'huile de baleine était devenue une nouvelle mine d'or ! En plus de la graisse, la viande et les fanons étaient aussi des produits convoités. L'huile était utilisée pour l'éclairage des réverbères ou des phares, et les fanons servaient de support aux tissus des parapluies et rendaient plus rigides les corsets des femmes élégantes. On utilisait également la peau de certaines espèces comme le béluga pour en faire un cuir très résistant.

Aujourd'hui, la ruée vers les baleines est pratiquement terminée. Les produits de la baleine sont remplacés par des matériaux synthétiques moins coûteux, mais c'est surtout grâce à une prise de conscience récente et à des changements d'attitude que les activités de chasse ont diminué. Nous comprenons maintenant que chaque espèce est essentielle à l'équilibre des écosystèmes.

Face aux baisses dramatiques des populations de baleines, la chasse à tous les cétacés a été interdite en 1986 par la Commission baleinière internationale. Quelques exceptions persistent cependant. Des pays comme le Japon, la Norvège et la Russie continuent de pratiquer une chasse contrôlée, et l'Islande s'est jointe à eux récemment. Nous devons rester vigilants, car l'appât du gain demeure une menace constante pour la survie des baleines.

ÉTUDIER LES CÉTACÉS

Étudier les cétacés est un métier passionnant... En fait, c'est plus qu'un métier, c'est un mode de vie. Plusieurs professions participent à l'étude des cétacés. Les biologistes font le travail en mer, mais d'autres travaillent dans les coulisses, comme les généticiens, physiciens, mathématiciens ou chimistes. Ces derniers complètent le travail des biologistes et apportent de précieuses informations sur l'état de santé des baleines ou sur celui de leur population.

Le milieu de travail des biologistes, le fleuve Saint-Laurent, est un cours d'eau très exigeant pour ceux qui le sillonnent. On doit être vigilant quand on navigue sur le fleuve, car l'étude des baleines se fait souvent à bord de petites embarcations. Comme les marins, on doit constamment être à l'affût des variations des éléments naturels. Le vent qui souffle plus fort, annonçant la tempête, les vagues qui se gonflent ou la brume qui se lève sont autant de signes qui nous indiquent qu'on doit quitter les lieux d'observation et retourner à terre.

La patience est de rigueur pour étudier les cétacés. Il faut attendre le moment où ils viennent respirer à la surface pour saisir, petit à petit, des parcelles de leur vie. Malgré ces contraintes, les chercheurs ont créé différentes techniques pour sonder peu à peu l'univers mystérieux des baleines.

Comme instruments de travail, ils ont un appareil photo, des lunettes d'approche, un hydrophone, une arbalète munie de fléchettes spécialement adaptées, un calepin de notes et... un bateau ! Les biologistes se retrouvent donc à la fois tireurs d'élite, photographes et capitaines.

Le but de leurs recherches ? Connaître le nombre de baleines qui fréquentent le fleuve chaque été, selon chaque espèce, comprendre leurs déplacements et leurs habitudes de plongée, déterminer leur sexe et les liens familiaux qui existent entre elles, faire des liens entre les sons et le comportement de surface, etc.

LA PHOTO-IDENTIFICATION

Reconnaître chaque individu est une étape essentielle dans n'importe quelle étude portant sur le comportement animal. Pour dénombrer des animaux, il faut les identifier un à un. Dans le cas des baleines, on utilise la photo-identification. Cette technique consiste à photographier des traits distinctifs sur chacune des baleines. Des cicatrices, des marques ou des taches naturelles sur leur peau sont de très bons indices pour les identifier sans les déranger. Depuis 20 ans, les scientifiques ont identifié environ 300 baleines bleues différentes dans le Saint-Laurent.

> Chez les rorquals à bosse, la coloration de la partie ventrale de la queue est comme une empreinte digitale. Elle est propre à chaque individu. C'est à l'aide de la même technique que l'on identifie les girafes ou les zèbres d'Afrique, selon leurs taches ou leurs zébrures.

Les biologistes marins, après avoir pris des clichés en mer, tiennent un catalogue des photographies des baleines et donnent un nom et un code à chacune d'elles. Quand un nouvel animal apparaît dans le Saint-Laurent, on compare sa photographie avec celles du catalogue. Ainsi, au fil des années, on peut suivre la dynamique des populations de baleines fréquentant l'estuaire et le golfe du Saint-Laurent et même suivre leurs routes migratoires jusqu'à leur lieu d'hivernage.

CONNAÎTRE L'IDENTITÉ DE CHAQUE BALEINE

Comment peut-on savoir, avec certitude, si une baleine est un mâle ou une femelle ? Qui sont ses parents, ses frères, ses sœurs, ses cousins ? Observer son comportement à la surface ne nous donne pas suffisamment d'information. Afin de connaître l'histoire d'une baleine, les biologistes font une biopsie superficielle, sans conséquences pour l'animal. À l'aide d'une arbalète et d'une flèche munie d'un dard creux, ils prélèvent un petit morceau de peau et de gras sur le flanc de l'animal. Ils envoient ensuite cet échantillon au laboratoire, qui leur fournira des informations.

La génétique nous permet de connaître le sexe de la baleine et ses liens familiaux. Le petit morceau de gras, lui, nous donne de l'information sur la quantité de polluants accumulés pendant toute la vie de la baleine. On doit évidemment photographier la baleine avant de faire la biopsie, car on ne veut pas échantillonner le même animal deux fois.

UN SUIVI PAR SATELLITE

D'autres questions importantes sur le cycle de vie complet de ces mammifères marins préoccupent les scientifiques. À quelle profondeur peut plonger une baleine ? Pendant combien de temps ? À quelle vitesse nage-t-elle ? Quels sont ses déplacements au cours d'une saison ? Comme il est difficile de suivre la même baleine pendant tout un été, ou de plonger avec elle, les scientifiques ont trouvé une autre façon de répondre à ces questions. Il s'agit de fixer un émetteur radio sur le dos d'une baleine à l'aide d'une ventouse. Les ondes émises par l'appareil sont envoyées jusqu'à un satellite qui les retransmet à un récepteur branché sur des ordinateurs capables d'interpréter les résultats. Avec le temps, l'appareil se détache de lui-même de la baleine sans la blesser.

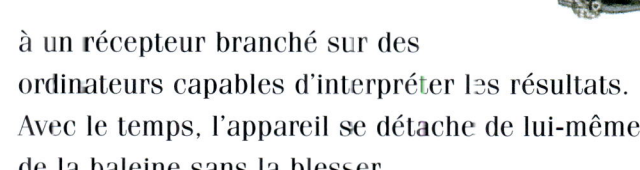

ÉCOUTER LES BALEINES

Certains chercheurs se sont spécialisés dans la bioacoustique, c'est-à-dire la relation entre les sons émis par les baleines et leurs comportements. L'écoute des sons est rendue possible grâce à un hydrophone, c'est-à-dire un microphone très sensible et étanche à l'eau salée. D'autres scientifiques, grâce à la présence de micros installés au fond de l'océan Atlantique, ont réussi à identifier des sons de baleines parmi tous les sons enregistrés dans la mer et à ainsi suivre la route qu'elles prennent lors de leur migration saisonnière.

L'étude des cétacés est un métier passionnant. Des heures et des heures d'observation en mer sont nécessaires pour arriver à comprendre les mouvements des baleines, année après année. Mais, pour ceux qui ont le pied marin, chaque rencontre avec une baleine ou un groupe de dauphins est une source de plaisir et de découverte. Le vent, la brume, l'eau froide et salée font partie de l'aventure grisante de l'étude des baleines. Rigueur scientifique et passion de la mer sont deux ingrédients essentiels pour devenir un cétologue accompli.

L'HISTOIRE DE PSEUDO

À partir de 1982, les biologistes de la Station de recherche des Îles Mingan ont suivi une femelle rorqual à bosse, qu'ils ont nommée Pseudo. Pseudo était accompagnée d'un baleineau, nommé Fleuret, identifié aussi comme une femelle. Fleuret, depuis ce temps, a eu deux petits. Après Fleuret, Pseudo a eu une autre petite femelle dénommée Alpha ; malheureusement, celle-ci a été retrouvée morte dans un filet de pêche vis-à-vis de Sept-Îles. Après Alpha, Pseudo a eu un troisième puis un quatrième petit, dont on ne connaît pas encore le sexe. Pseudo est une baleine observée régulièrement dans le golfe du Saint-Laurent, au même titre qu'Ébène et Nocturne, Splish, Spine et Brax.

POUR LA SURVIE DES BALEINES

Le Saint-Laurent, des Grands Lacs à l'océan Atlantique, est un des plus importants fleuves du monde. La majeure partie de la population du Québec l'utilise pour l'eau potable, la pêche sportive et autres loisirs. Des bateaux provenant des quatre coins du monde empruntent sa voie navigable. Des industries, des fermes agricoles, des villes et des villages peuplent ses rives. Cependant, la présence des êtres humains autour du fleuve a considérablement modifié son paysage et engendré de la pollution, dont les baleines sont aujourd'hui les victimes.

Tous les jours, à chaque minute, des polluants sont rejetés dans le fleuve. Sans odeur ni couleur, ces matières arrivent dans l'eau, se déposent au fond et se font manger par les animaux (poissons, calmars, crevettes, etc.) que le béluga consomme par la suite. Étant au sommet de la pyramide alimentaire, le béluga accumule ainsi une grande concentration de polluants qui peuvent provoquer chez lui différentes maladies. L'état de santé du béluga est donc un bon reflet de la qualité des eaux du fleuve Saint-Laurent.

Heureusement, ces dernières années, des efforts ont été faits pour diminuer les rejets de polluants dans le fleuve. Cependant, il faut du temps avant de voir disparaître les traces de pollution dans le corps des animaux. Face à ce problème, quel rôle pouvez-vous jouer ? Observez autour de vous les activités (dans votre maison, votre école ou votre travail) qui peuvent créer de la pollution. Où vont les poubelles ? Qu'arrive-t-il aux produits domestiques dangereux que vous employez (piles usagées, peinture, huiles usées, etc.) ? Essayez-vous d'éviter la surconsommation ? Ces petits gestes quotidiens de protection de l'environnement semblent sans importance, mais ils aident réellement à assainir les eaux du fleuve.

> On a déjà retrouvé des sacs de plastique dans l'estomac d'une baleine échouée, qu'elle avait avalés par mégarde et qui ont causé sa mort.

Partir en bateau sur le fleuve Saint-Laurent pour observer les baleines est souvent une expérience inoubliable. Entendre souffler une baleine, être ébahi devant sa puissance et sa souplesse dans l'eau, peut-être même sentir l'odeur de son souffle parfois nauséabond : souvenirs qui resteront longtemps gravés dans notre mémoire...

Lorsqu'on admire la beauté des baleines, il est facile, cependant, d'oublier que nous avons une responsabilité envers elles. L'effet de nos activités sur elles étant encore mal connu, il est difficile de mesurer si la présence d'embarcations dérange les baleines ou non. Ce qui est sûr, c'est que le nombre de bateaux d'excursion a beaucoup augmenté depuis dix ans, et on doit s'assurer aujourd'hui que cette activité très agréable ne nuit pas aux animaux marins.

Il existe une réglementation pour limiter la distance à laquelle un bateau peut approcher une baleine. La vitesse maximale permise dans les zones où se nourrissent les baleines est aussi contrôlée. Les bélugas, eux, font bande à part. Comme la population du Saint-Laurent est menacée, nulle embarcation ne peut les approcher. De plus, on peut être en présence de mères accompagnées de leur petit, car l'estuaire est leur lieu de mise bas. Le Parc marin du Saguenay-Saint-Laurent est voué à la protection des mammifères marins et contrôle l'activité des bateaux.

L'éducation faite à bord des bateaux joue un rôle très important dans la protection de ces mammifères marins. Bien connaître les baleines, comprendre ce dont elles ont besoin, permet de les côtoyer sans les déranger. Les baleines ne viennent pas dans le Saint-Laurent pour nous divertir, mais bien pour refaire leur réserve d'énergie afin de survivre au prochain hiver. Nous devons donc les admirer dans le respect.

BIBLIOGRAPHIE

BEAULIEU, V.L. et P. COUTURE. (1993). *Les gens du fleuve*. Québec : Stanké, 253 p.

BÉLAND, Pierre. (1996). *Le Béluga, l'adieu aux baleines*. Montréal : Libre Expression, 267 p.

BRETON, Mimi. (1986). *Guide d'observation des baleines au Canada*. Ottawa : Pêches et Océans, 54 p.

COHAT, Yves. (1986). *Vie et mort des baleines*. Paris : Gallimard, coll. Découvertes, 224 p.

COUSTEAU, J.Y. et Y. PACCALET. (1986). *La planète des baleines*. Paris : Éd. Robert Laffont, 278 p.

FONTAINE, P.-H. (1998). *Les baleines de l'Atlantique Nord, biologie et écologie*. Québec : MultiMondes, 290 p.

FONTAINE, P.-M. (1992). *Quelques aspects de l'écologie du marsouin commun (Phocoena phocoena) de l'estuaire et du golfe du Saint-Laurent*. Québec : bibliothèque scientifique de l'Université Laval.

GREMM. (1990). *Programme d'interprétation du Groupe de recherche et d'éducation sur le milieu marin, Croisières aux baleines et Croisières sur la rivière Saguenay*. (non publié)

HOYT, Erich. (1993). *Les saisons de la baleine*. Montréal : Broquet, 104 p.

HOYT, Erich. (1990). *The Whales of Canada*. Ontario : Camden House, 115 p.

KATONA, Steven *et al*. (1983). *A Field Guide to the Whales, Porpoises and Seals of the Gulf of Maine and Eastern Canada, 3rd edit*. New York : Scribners and Sons, 274 p.

LAPOINTE, Gatien. (1985). *Ode au Saint-Laurent*. Trois-Rivières : Les éditions du Zéphyr, 96 p.

MICHAUD, Robert. (1993). *Rencontre avec les baleines du Saint-Laurent*. Tadoussac : Gremm, 75 p.

MICHAUD, R. et S. BAKER. (1996). *Le béluga du Saint-Laurent, un animal social. Recherche présentée au Biodôme de Montréal dans le cadre d'une exposition sur le béluga du Saint-Laurent*. (non publié)

ROSSIGNOL, Anne. (1998). *L'estuaire maritime et le golfe du Saint-Laurent, carnet d'océanographie*. Rimouski : INRS océanologie, 64 p.

SEARS, Richard. (1987). *Le Rorqual bleu, Catalogue des individus repérés dans l'Atlantique Nord-Ouest (golfe du Saint-Laurent)*. Saint-Lambert : MICS, 27 p.

SYLVESTRE, Jean-Pierre. (1989). *Baleines et Cachalots*. Suisse : Delachaux et Niestlé, 134 p.

FILMOGRAPHIE

BELHUMEUR, A.. (1989). *La complainte du béluga*. Montréal : Imagerie PB Ltée.

BELHUMEUR, A. et J. LEMIRE. (1996). *Rencontre avec les baleines du Saint-Laurent*. Montréal : Poly-Productions ltée et Les Productions Ciné-Bio.

LEMIRE, J. et A. BELHUMEUR. (1998). *Le mystère de la baleine bleue*. Montréal : Imagerie PB Ltée.

SITES WEB SUR LE RÉSEAU INTERNET

Groupe de recherche sur le milieu marin :
http:// www.gremm.com

Station de recherche des Îles Mingan :
http:// www.rorqual.com

Whalenet :
http:// whale.wheelock.edu

Nous remercions le Conseil des Arts du Canada
de l'aide accordée à notre programme de publication
et la SODEC pour son appui financier en vertu du
Programme d'aide aux entreprises du livre
et de l'édition spécialisée.
Nous reconnaissons l'aide financière du
gouvernement du Canada par l'entremise
du Programme d'aide au développement de
l'industrie de l'édition (PADIÉ) pour nos
activités d'édition.

Tant qu'il y aura des baleines...
a été publié sous la direction de Marisha Wojciechowska
en collaboration avec KETOS

Textes : Evelyne Daigle
Illustrations : Daniel Grenier
Direction artistique : Mathilde Hébert
Révision et correction : Micheline Dussault et Michèle Marineau

Validation scientifique :
Jean Lemire, Robert Michaud, Richard Sears
Validation pédagogique :
Nathalie Beauregard, Marc Drouin, Pauline Gagnon,
Nathalie Hébert, Maryse Hémond, Diane Mitchell

Diffusion au Canada
Diffusion Dimedia inc.
539, boulevard Lebeau
Ville Saint-Laurent (Québec)
H4N 1S2

© 2000 Evelyne Daigle, Daniel Grenier et
les éditions Les 400 coups
Montréal (Québec) Canada

Dépôt légal — 2e trimestre 2000
Bibliothèque nationale du Québec
Bibliothèque nationale du Canada

ISBN 2-921620-68-5

Toute reproduction, même partielle, de cet ouvrage est interdite.
Une copie ou reproduction par quelque procédé que ce soit,
photographie, microfilm, bande magnétique, disque ou autre,
constitue une contrefaçon passible des peines prévues par
la Loi du 11 mars 1957 sur la protection des droits d'auteurs.

TOUS DROITS RÉSERVÉS
Imprimé au Canada sur les presses de Litho Mille-Îles ltée
en juin 2000.